Hans Traxler
Das Teufelsbuch

1 2 3 4 5 08 07 06 05 04

ISBN 3-7254-1304-5

Satz und Lithos: SchwabScantechnik, Göttingen
Druck und Bindung: Memminger MedienCentrum AG, Memmingen
Printed in Germany

HANS TRAXLER

Das Teufelsbuch

Sanssouci

Statt eines Vorworts

„Ach, Sie müssen nicht alles glauben,
was man über die Hölle erzählt!“

„29 Grad, und ein bisschen dalli, bitte!“

Wie der Teufel auf die Erde kam

Vor der Ankunft des Teufels
war die Erde das reine Paradies.

Als der liebe Gott sah, was er da
angerichtet hatte, musste er einfach handeln.

ER ließ den schlauen Teufel Luzifer kommen
und besprach mit ihm die verfahrene Situation.
Das Treffen verlief konstruktiv und
in entspannter Atmosphäre.

Das Ergebnis war das, was später etwas melodramatisch als Höllensturz bezeichnet wurde.

Vorangegangen war ein tagelanges Abzählen
unter den himmlischen Heerscharen – ein Verfahren,
das einer demokratischen Wahl recht nahe kam.

Und so kam mit dem Guten …

… zugleich auch das Böse in die Welt.

Seither sorgt das Böse dafür, dass es
auf Erden nie langweilig wird.
Und das hat wiederum auch sein Gutes.

Bekanntlich gibt es nie und nirgendwo so viel
Streit, Zwist und Tränen wie im Urlaub.

Dass dies nicht ohne den unermüdlichen Einsatz
erfahrener Teufel denkbar wäre, ist wohl offensichtlich.

Und was für die kleinsten Einheiten gilt,
gilt auch für die ganz großen:
„Das ist für mich kein Problem, wissen Sie –
ich stecke nämlich im Detail!“

Wissenswertes über die Hölle

Alle Teufel haben Anspruch auf einen tariflich abgesicherten Jahresurlaub, den sie meistens an den Hängen des Vesuv verbringen.

GATE
0718

„Tja, mein Herr, nachts kann's hier unten ganz schön frisch werden. Aber das erzählen wir natürlich nicht groß herum!"

Teufel sind nicht so herzlos, wie man uns erzählt.
(Allerdings gibt es in der Unterwelt keine Steckdosen.)

„Du kennst mich, Gaston, ich mach meinen Dienst und kümmer mich nicht lang drum, was die großen Chefs wieder ausbrüten, um ihren Laden auszulasten. Aber Textilservietten und Freilandrosen, ja Himmelherrgott, wo sind wir denn!“

Auch in der Höllenschule hat die
Erziehung den Vorrang vor der Bildung,
freilich mit anderen Lernzielen.

„Also, Frau Wimberger, da hätten wir 16-mal vorehelichen Sex,
7-mal Ehebruch, dann diesen Ausrutscher mit
Ihrer Freundin Margit:
macht zusammen 380 Jahre Höllenfeuer. Hoppla –
da hab ich ja die falsche Tabelle erwischt – das waren die
Tarife von Anno 1680. Hier haben wir's:
Wären Sie mit 6 Wochen Fegefeuer einverstanden,
Frau Wimberger?
Auf Bewährung natürlich!“

„Kinder! Hebt euch noch ein paar Glasscherben für die Heimfahrt auf!“

Jedem seine Hölle

NEUSCHWANSTEIN
STRICTLY
NO
PICTURES!

Hölle für Japaner.

Lekker!
Klaas'
einzige
Frittenbüde
der Unterwelt
Geöffnet:
alle 1000 Jahre
für 3 Minüten!
Sorry, No Reservations

Hölle für Belgier.

Hölle für Alt-Achtundsechziger.

Hölle für VIVA-Gucker.

Hölle für Gourmets:
Es gibt seit 1.4.1923
jeden Abend dasselbe.

Hölle für Sprayer.

Hölle für Schach-Großmeister.

Hochverdiente Höllenstrafen

MAIRIE

Der Bürgermeister des ansonsten idyllischen
Rivieradorfs, in dem wir letztes Jahr Urlaub machten,
ließ vom Dach seines Amtssitzes den Ort
tagaus, tagein mit Discomusik und
kreischenden Werbedurchsagen beschallen.
Das soll er nicht umsonst getan haben.

1 To
1 To.

Alle Musikantenstadler, die die eigentlich schöne Volksmusik in Grund und Boden gejodelt und gedudelt haben, sollen schwer daran tragen.

Allen Gartenamtsleitern, Gründezernentinnen und Parkpflegern, die für den Einsatz des ohrenbetäubenden, stinkenden und bioziden so genannten Luft-Besen verantwortlich sind, soll mit gleicher Münze heimgezahlt werden.

Kasimir Malewitsch, Suprematist und Erfinder der Minimal Art, schaffte es irgendwie, mit einem schwarzen Quadrat auf weißem Grund in die Kunstgeschichte einzugehen.

Dafür soll er das Historienbild
„DIE BELAGERUNG VON BREDA“ malen,
mit 37 000 meist lebensgroßen Figuren
im Stil des Historischen Realismus.
Sein Werkzeug: ein Pinsel mit 3 Haaren.

Alle Raser und Drängler, die uns auf der
Autobahn bedrohen, wenn wir weniger als 140 km/h fahren,
sollen ihr künftiges Leben auf einem
Bobby-Car mit eckigen Rädern fristen.

CORBUSIER, der Vordenker des bewohnbaren Kaninchenstalls, soll ausreichend Gelegenheit erhalten, seine Theorien einem Praxistest zu unterziehen.

Zweimal verweigerten die Professoren der Wiener Kunstakademie dem jungen Hitler die Aufnahme in die Malklasse. Daraufhin ging er in die Politik und legte Europa in Schutt und Asche.

Dafür müssen sie ihm nun in alle Ewigkeit Malunterricht geben. Auch nach 1000 Semestern schafft es Hitler nicht, seinen Lieblingshund „Blondie“ einigermaßen hinzukriegen.

Der Religionslehrer, der meine Wehrlosigkeit
ausnutzte, um mir für die geringsten Vergehen
mit dem Höllenfeuer zu drohen,
soll sein blaues Wunder erleben.

Teuflische Einflüsterungen

„Sagen Sie Ihrem Boss
einmal klar und deutlich:
‚Nicht mit mir, Chef!
Lieber verkaufe ich Heizdecken!‘
Das wird ihm gewaltig imponieren!“

„Nach Paris musst du im August
fahren. Da sind alle Franzosen
am Meer und du hast
die Stadt für dich!“

„In den frühen Morgenstunden
sind Schlangen steif
und völlig harmlos!“

„Diese modernen Fahrgastschiffe
haben riesige Stabilisatoren.
Die bügeln jede Welle glatt!“

„Der Wagen ist so konstruiert,
dass er Berührungen bis 5 km/h
ohne Beschädigungen übersteht!“

„Geh einfach hin und frag sie.
Die Frau ist verrückt nach dir,
das sieht man doch!“

„20 Jahre lang immer ans
Mittelmeer fahren ist doch doof!
Fahrt mal in die Berge!“

„20 Jahre lang jeden Sommer ins Allgäu fahren ist doch stupide! Fahrt mal an die Riviera!“

PARADISO

Nach 230 Jahren in der Unterwelt, die sie wegen Wollust,
Trägheit und Völlerei abgesessen haben, heißt's jetzt
für Graf Montsouris und seine Bagage
Abschied nehmen. Aber vorher gibt's noch
ein Erinnerungsfoto mit den beiden Oberteufeln.

Mehr von Hans Traxler bei Sanssouci:

Das Schutzengelbuch
64 Seiten. Gebunden mit Schutzumschlag
ISBN 3-7254-1254-5

Kinderbücher von Hans Traxler im Carl Hanser Verlag:

Komm, Emil, wir gehen heim!
40 Seiten, durchgehend farbig. Gebunden, Fadenheftung
ISBN 3-446-20434-2

Nelly Singer – Hans Traxler
Finster war's, der Mond schien helle
24 Seiten. Gebunden
ISBN 3-446-18694-8

Mit farbigen Bildern von Hans Traxler:

Eugen Roth
Ein Mensch. Heitere Verse
112 Seiten. Gebunden mit Schutzumschlag
ISBN 3-446-19350-2

Eugen Roth
Der letzte Mensch. Heitere Verse
144 Seiten. Gebunden mit Schutzumschlag
ISBN 3-446-19351-0

Eugen Roth
Mensch und Unmensch. Heitere Verse
128 Seiten. Gebunden mit Schutzumschlag
ISBN 3-446-19128-3

Eugen Roth
Der Wunderdoktor
112 Seiten. Gebunden mit Schutzumschlag
ISBN 3-446-19946-2

Eugen Roth
Neue Rezepte vom Wunderdoktor
112 Seiten. Gebunden mit Schutzumschlag
ISBN 3-446-19947-0

Eugen Roth für Lebenskünstler
128 Seiten. Gebunden mit Schutzumschlag
ISBN 3-446-17873-2